이무천 시집

사랑쟁이 휘파람 불다

순수시선 698

사랑쟁이 휘파람 불다

이무천 지음

2025. 9. 25. 초판
2025. 9. 30. 발행

발행처 순수문학사
출판주간 朴永河
등록제2-1572호

서울 중구 퇴계로48길 11 협성BD 202호
TEL (02) 2277-6637~8
FAX (02) 2279-7995
E-mail ; seonsookr@hanmail.net

저자와의 합의하에 인지를 생략함
잘못된 책은 바꾸어 드립니다

ISBN 979-11-91153-91-0

가격 15,000원

이무천 시집

사랑쟁이 휘파람 불다

순 수

◆ 작가의 말

  출판을 한다는 건 출중하지 못한 나의 모든 것을 보여 준다는 것으로 정신적 부담이 큰 것이다
  길고도 짧은 80여 년을 살면서 하고 싶은 말 남기고 싶은 말도 많았는데 신문에 안전칼럼과 각종 문학 잡지에 나름대로 시를 발표하면서 정말로 맘에 드는 시를 쓰지 못하여서인지 나태해서 그런지 사방에 흩트려만 놓았지 묶어 출판하지 못했다가 이제 늙고 시간의 여유도 있는 판에 주변의 권고와 정부의 예술인 지원사업도 있어 용기를 내어 민낯을 보이기로 했다.

  안도현이 말했다지요 "좋은 글을 쓰려면 술과 연애와 친하라"고…. 해서 따라 해도 역시 좋은 글 쓰긴 정말 어렵다 "비록 행복이 없다 해도 인간은 사랑 하나만 있으면 얼마든지 살 수 있다"라는 도스토옙스키의 말을 믿으며 살자

  "다만 사랑하는 자만이 살아 있는 것"톨스토이

일찍이 老子는 無名天地之始 有名萬物之母라 했는데 숲처럼 봉사하고 나무처럼 희생도 하며 無何有之鄕 무한 자유 즐기며 김시습이 인생 백 년이 한판의 바둑과 같다고 했는데 바둑도 두며 부모가 고이 지어주신 이름 보존하고픈 생각뿐이다

"사랑 없이 이루어진 것은 없다"
이것이 내 소신이기에 사랑쟁이 마음으로 쓴다.

기라성 같은 문학인들이 즐비한데 졸고를 출간하는 마음은 송구스러움조차 느낀다.
다만 예술을 사랑하고 아껴온 마음은 그 누구만큼 각별했기에 그동안 틈틈이 느낀 감정을 가감 없이 나누고 지도 편달을 받고자 한다.

- 2025년 9월 어느 날 안양천 백조를 보며
李茂天 삼가 쓰다

차례

◆ 작가의 말 · 10
◆ 해설 / 정연수 · 122

제1부 사랑쟁이 휘파람 불다

여름은 나빌레라 · 19
사랑쟁이 휘파람 불다 · 20
시는 난센스 퀴즈 · 22
바람을 피우자 · 23
천지개벽 · 24
꼬리 이야기 · 25
단풍 · 26
방귀 없는 동네 · 27
늙음은 아기 펭킨이다 · 28
사랑 타령 · 30
바다도 야위어지더라 · 32
천당보다 지옥이 좋다 · 33
생명은 보이지 않는 것 · 34
불두화 피는 이유 · 35
파도는 하늘 향한 사랑의 몸짓 · 36
개미귀신 · 37
몽돌 · 38
함박꽃 연정 · 39
똥 이야기 · 40
아파트 화재 원인 · 42

제2부 사과를 깎으며

진달래 · 45
행복 · 46
멸치 · 47
개 세상 · 48
사과를 깎으며 · 49
안양천 봄 정경 · 50
♡사랑 · 51
故씨네 사람들 · 52
새우 · 53
눈물 · 54
하얀 국화꽃 · 55
신선이 되다 · 56
술 · 57
깨달음은 따귀 맞아야 · 58
포도주 · 59
쓰라린 기억 · 60
성산 일출봉에서 · 61
등나무 아래서 · 62
꽃과 술 · 63
씨앗 · 64
변화는 누가 가져오나 · 65
울지 마라 · 66
꽃이 아름답다 한들 · 67
밥과 술 · 68

엉터리 세상 • 69
시 때문에 울어 본 시인에게 • 70
도시 비둘기 • 71
난타 공연 • 72
무엇을 쓰고 싶은 걸 보니 • 73
안면도 노을 • 74

제3부 행복한 삶

선線 이야기 • 77
알츠하이머 • 78
별 이야기 • 79
젓갈 • 80
반딧불이 • 81
아스팔트 포장 • 82
들꽃 • 83
안양천 가을 소묘 • 84
은유 한 소절 • 85
봄 편지 • 86
安養川 • 87
행복한 삶 • 88
노조 시대 • 90
물(水) • 91
생명의 줄 • 92
인생 꽃 • 93
가 보고 싶은 곳 • 94

가로수의 죄 • 95
가을편지 • 96
말하는 의자 • 97

제4부 얼굴은 자서전이다

불꽃놀이 • 101
우리의 우주 • 102
안양천 가을 정경 • 103
산(山) • 104
노약자석 • 105
아내는 바보 하느님 • 106
징검다리 • 107
목련은 흰 두루마기와 옥색 치마 • 108
얼굴은 자서전이다 • 109
나이 든 삶 • 110
바둑두기 • 111
호흡하기 • 112
송구한 마음 • 113
부부 • 114
죽음의 날 • 115
장미 구속 기소 되다 • 116
장마철엔 마귀가 온다 • 117
계영배戒盈杯 • 118
능소화 • 120
달항아리 • 121

제1부

사랑쟁이 휘파람 불다

여름은 나빌레라

여름은
여인을 나비로 만드네

얇디얇은 원피스에
밀짚모자

오히려
꽃이 될 남정네들
부채질로 나비 되네

사랑쟁이 휘파람 불다

세상엔 별별 재주 다 있어
누군 그렇게 원 하고 찾아도
없다는 사랑

재간 없다 내숭떨며
사랑쟁이 등극한 사람도 있고

공평한 세상 만들겠다
구호 넘쳐나도
어찌 평등 할 수 있으리

환갑이 내일 모레인
총각과 처녀 넘쳐나는 세상에서

멀쑥한 사내는 사랑 넘쳐
휘파람 부네

사랑없이 이루진 것 없다…

맑은 눈 따뜻한 가슴
적당한 인고 이긴

시인은 누구나
사랑쟁이다

시는 난센스 퀴즈

시 안 쓰면 죽나요?
그럼요
그렇지요

심장 약한 시인들
숨 막혀
당장 죽어요

그럼 시가 뭔가요

쉬운 것 같아도 어렵고
어렵다 하면 쉬운
난센스 퀴즈이다

바람을 피우자

바람은
바램이어서 희망이고

전진이니 나쁘지 않고

자유로우니
더
좋고

손수건 흩날려
임 소식 전하고

고생하는 나무
춤추게 하니
더욱 좋다

달리자
바람을 피우자

천지개벽

천지개벽은
비가 아니고
컴퓨터가 가져와

순간적으로
先生은 後生이 되었고

후생은
그가 만든 AI에
後後生이 되는

천
지
개
벽

꼬리 이야기

내겐 꼬리가 있다
쥐꼬리만한 자존심
그 꼬리

구미호는 100년마다 꼬리가 늘어
1000년이면 승천도 한다는 데
난 홀리는 재주 없어
단 하나로
요 꼴

단풍

가을이 되니
잎이 갈 때 되니

술 마시고 취했네

나도 술 마신 사람
은근슬쩍

그의 볼 쓰다듬고 마네

방귀 없는 동네

방귀뀌신 분 하나 없던 촌동네
혼백 든 실한 큰 무덤조차 하나 없는
화전골 여기저기
초근목피로 삶에 지쳐
방귀조차 말라 버린 동네
산다곤 할 수 없고 죽지 못해 살아온
눈雪 만 많아 자랑인
그 이름 설악(雪岳) 어느 동네

늙음은 아기 펭킨이다

뒤뚱뒤뚱
아장아장

두리번두리번
갈팡질팡
보일 똥 말똥
오락가락
가물가물
오물오물
우물쭈물

단 것은 쓰고
똑바로 서도 꾸부정
먹은 둥 마는 둥
하는 둥 마는 둥
아는 둥 마는 둥
옳은 것도 틀려 보인다

아무 자리에
풀썩 앉아도
부끄럽지 않고

거울조차
싫어지는 때

사랑 타령

어와 둥 둥 내 사랑 아
똑똑하면 외롭나니
여기 뺑끗 저기 쫑긋
어영부영 어울리세

올망졸망 자식 낳고
그렇저럭 살다 보니
좋은 일 궂은일 지나
살 만한 날 되었구나

걱정도 팔자라
억지웃음도 웃음이고
아침에 눈 뜨면 감사하고
일어서 있으면 행복이라

세상만사 그렇고 그래
비 오면 오는 대로
개이면 개인 대로 필요한 것
맘 합쳐 힘 합쳐

사랑

사랑
좋은 사랑
사랑으로 살아가세

바다도 야위어지더라

이처럼
뜨거운 여름엔
바다조차
몸부림치다
바다의 늑골 산호도
백화되고

물고기 빠져 나가
바다 살
야위어진다

천당보다 지옥이 좋다

사는 게 지옥이라 하기도 하고
죽어야만 천당 간다는 데

개똥밭에 굴러도 이승 좋다는 말
나
지옥에서 살련다

생명은 보이지 않는 것

천년 나무 지탱하는 게 보이지 않듯
우리를 살리는 것도 보이지 않는 넋

넋이 빠지면 사는 게 아니고
얼이 드나드는 얼굴이
어두우면 살지 못한다

나뭇잎을 보면 삶과 죽음 알고
보이지 않는다고 없는 게 아니다

보이지 않기에 세상을 지배한다

불두화 피는 이유

글로 해도 말로 해도
가엾은 중생 알지 못해

묵묵히 희게 푸르게 노랑 얼굴로
법어를 향기로 말씀하시네
세상 들판에
은은한 축복의 말씀 묵언 수행
하안거 하시네…

파도는 하늘 향한 사랑의 몸짓

바다는
하늘 그리워 섬기려
발돋움하다
부끄럼 모르고
그칠 줄 모르고

치맛자락 흰 속치마
다 보이고 마네

그리하여 드디어 마음 합궁
격랑이 일고 게거품 분비물
사랑은 영원한 것

개미귀신

모래조차 함정이 된다
모래 함정 만들어
다 같은 개미 잡는 개미귀신

어설프면 죽임당하듯
사는 건
늘 까다롭고

속임 사기는
아는 자가 치는 것

몽돌

얼마나 많이
귀싸대기 맞아야
마음과 몸의 모서리
깎을 수 있나?

수없는
조리 돌림에도
굴하지 않고
피하지 않고
욕하지 않아야
세상 사람들이 알아주나

손에 쥐어지고
귀여움 받으려면
부대낌
몸 내줌 피하지 말자

돌보다 못하다는 말
돌대가리 되지 않기 위해서
너에게 배운다

함박꽃 연정

함박꽃은
바람난 여자

사랑은 서너 개라는 여자

자기도 자신을 모른다는 여자

여자라서 행복하다는 여자

자기 나이도 모르는 여자

꿈만 먹고도 잘 사는 여자

환상으로도 행복한 여자

이가 보이게 활짝 잘도 웃는 여자

똥 이야기

별도
똥을
싸고
쇠도 똥을 싼다

별똥별
용접 똥

죽을병에는 똥이 약이다
개똥도 약에 쓸려면 없고

고운 꽃 애기똥풀 피하지 말고
똥까지 먹어야 몸에 좋다고
멸치 똥 떼지 말라 하고

똥이 돈이 된다고
똥본위 화폐 연구하는
울산 과학기술원 조재원 교수

촌 어린애 궁둥이 핥던
똥개 한 마리 먹어야

여름 더위 이긴다던 때도 있었다

정치 모리배 똥 처먹으라 하고
궁상 똥 씹은 얼굴 말라 하고

똥 기저귀도 안 빨아보고
애 길렀다 자랑 말고

괜히 점잔 떨지 마라
뱃속에는 욕심과 똥만 가득 찬
똥을 쌀 놈

아파트 화재 원인

성냥갑 잔뜩
쌓아 놓고

그 안에서는

지지고
볶고

밤마다
열 내며 사랑하니

제2부
"사과를 깎으며"

진달래

누가 너의
그렇게 예쁜
마음을 알아주었으니

달라고 하지도 못하는 너를
사랑의 기쁨으로
의미를 붙인 게 누구란 말인가?

꽃 중의 꽃 참꽃 자격 된다고
멋을 아는 너라고
맛을 아는 내가
감히
말한다

행복

望九에도
샛노란 꿈에
화들짝 놀라

새벽이불 걷어차고
쓱싹 목욕하고

뮤즈가 기다리는
안양천변을 걷는다

휴대폰 액정?이 어찌하니 하면
液晶이 液精으로 들려
낄낄 하하 웃으면
길섶 쑥부쟁이도
실쭉 거린다

(2025.8.15)

멸치

하찮은 고기라 하지 마라
그대 멸치라 하지 말자

멸시받을 일 한 적 없다
베풀기만 했다

죽어도
뼈대 있는 집안
꿈 많던 자식이다

개 세상

왈왈대고 살려면
애보다 개를 키워야 하나

개새끼는 욕도 아닌데
개놈이라 하니 바로 반응 오고

젊은 게
애 아닌

개 안고 다녀야
대접 받나

어린애 많이
데린 여자
부끄러워 하네

사과를 깎으며

사과는 왜 이렇게 예쁜가 했더니

사과할 일 없이
사과만 받아서 그런가?

사과 씨를
파내고 파내도
사과할 일 생각 안 나니

수양 부족과
정신 혼미 느끼네

안양천 봄 정경

사랑하니
오늘도 외롭다

천변에 백로도 사랑 중이고

거슬러 오르는 물고기는
삶을 만들고

물오리는 삿대질로 윤슬 만드네

속살 보이는 잔챙이조차
잔설 밑
버들강아지 앞에 모여드는데

사랑하는 것들은
모두
건너편에 있구나!

♡사랑

플라톤께서 가라사대
사랑할 땐 누구나 "시인"

사랑초 꽃말은
"당신과 함께"

할 말 없어도
전화하고

잔소리조차 그리워
달력 표시 본다

무색무취 기다림속에

사람이란 글자 잘못 쓴 건 아닐 터
사~랑이려니

故씨네 사람들

네
아무리
짖고 까불어도

우린
앞으로
한 가족

모두
故 씨가 되는 날

후회가 목에 차리라

선하지 않으면
베풀지 않으면
나라를 배반하면

새우

늙은 새우
젊은 새우 따로 있나
다 같은 모습

허리 펴고 못살아온 운명
불평 않는 위대한 당신

아버지 뒷모습 같아
쉽게 먹지 못하리

새로워야할 인식으로
우리 서로 존중하며 사세

눈물

눈물은
삶이고

가슴아픈
사랑이다

그래서
한여름에도 증발하지도
엄동설한에도 얼 수가 없다

삶에선 샘물이라
마음과 몸 썩지 말라 소금기 있다

하얀 국화꽃

누구나
마지막엔

사랑하게 될
꽃

그곳엔 반드시
피어 있는
하얀 손가락 닮은
슬픈
꽃

신선이 되다

신선이 별거냐

문명이 달아준 날개 달고
구름 속 신선 된다

포근한 구름 위
雲峯 雲海엔 雲花도 피고
청색의 宇平線 으로
간다 간다
노닐며 간다

(2010.10.6 괌행 기내)

술

석 잔 술은
大道로 통하고
말술은
자연도리와 합침이라 해도

채근담에
花間半開 꽃은 반쯤 핀 것 보고
酒飮微中 술은 약간 마시면
大有佳趣 흥취가 최고 다 하고

*酩酊詩 그리던
酒道 名人(空招 오상순 誠蠻〈성만〉 이광구
橫步 염상섭 壽州 변영로)
술로서 이름 남기고

오늘은 취하고
내일도 시 쓰면
술도 할 일 다 하네

百藥之長
그대여 감사하네

　*酩酊詩 술에 관한 시

깨달음은 따귀 맞아야

간화선 禪風 경허 선사도
문둥병 여인과 3일
지내며 깨닫고

사랑은
함께 울어 주는 것이란 것
아는 것도 평생 걸린다

*何如歌 불러본들
쓸 만한 바보만 되고

내 일(Job) 없으면
내일은 없는 것

＊하여가 : 고려 초기 이방원의 "이런들 어떠하며 저런들 어떠하리…"

포도주

웃으며 마시지 말자

노동자의 눈물과 땀이
배고 섞여

핏빛이 되는 걸
어찌 모르랴?

쓰라린 기억

새벽 물동이 이고서
어지럼 별 보시고

길쌈하고
밭 김매고

절구질과 디딜방아 찧어
함지박 밥해대느라
허리 펴실 날 없던 어머니

논밭 갈고
*꼴 베고
나무 지게 지시느라
등 굽어 힘 부치셔서
일찍 돌아가신 아버지

꽃상여 떠나는 날
종다리 높게 날고
대추나무 가지엔 참새가 칭송했네

*꼴 소먹이 풀

성산 일출봉에서

세월은 위대했다
모든 걸 멸하였나니
1500만 년 전
마그마 솟구치던 욕망
잠재웠나니
변하지 않는 건
바다의 일렁임
언젠가 거대한 암석조차
한 줌에 모래 되리니
어려진 물가엔 바람 스친다

(2008.8.28)

등나무 아래서

뒤엉킴으로
꽃과 잎 아름다운 그대

이해타산에 얽힌 인생 어이하리

등꽃 피었는데
꽃이 핀다고
다 즐거우랴
얽혀 산다하여
다 괴로움이랴

삶을 조롱하고 낯두껍게 살자

오늘도 나는
닳아 지고 낡아가는 데

등나무는 한결 푸른 잎

꽃과 술

봄꽃 흐드러진 날은
술이나 마시세

꽃은 꽃이라 좋고
술은 물이니 마시기 좋구나

시인에게 농거짓말 가르치는
시의 다른 이름 술이라네

씨앗

항상
생명의 씨앗은 작고
좁은 곳에 있네

꽃이 피는 진통과
성장통

살아 있는 모든 것은
씨앗의 운명
아픔이다

변화는 누가 가져오나

언제나
세상을 변화시키는 자
늙은 노동자와 젊은 애송이었다

땀과 피가 흘러야 변화의 물결이 온다
영혼 없는 노동하지 말라는 알베르 카뮈

삶의 부패 막고
세상 변화를 위해
밤낮없이 일한다

울지 마라

참으로
힘든 그대
서러운 그대
젊은이여

숨 넘어
쓰러질 때까진
절대
절대로 포기 말고
울지는 마라

아무리 어려워도
서러워도
늙음만큼 이야 하겠나?

(2012.1.31)

꽃이 아름답다 한들

꽃이 아름다운 들
책 읽는 소녀
옆얼굴 만 하랴?

젖 내음 나는
아기 웃음 만 하랴?

밥과 술

博而不精 말 많고 실수 많은 나
梅花香有骨 藥食酒 同源이려니

술 먹어도 밥먹고
향기 나는 밥이니 먹는다
약이라니 먹고

엉터리 세상

자기 위해 못하는 게 없는 세상
피라미드, 만리장성 축조 시 마늘 먹여
일 시키고
*人皮册 도 만들었다네

수십억원 반지도 팔리는
*베블렌 효과도 있다는데

엊그제 젖 먹고 자란 놈이
곰삭은 정도 없이
*에펠 탑 효과도 없이
사랑만 찾는다

*베블렌 효과;값이 비싸면 수요증대 효과 생김
*人皮册 :미국 브라운대학 박물관에 실존
*에펠 탑 효과: 보고 또 보면 없던 정 생기는 효과

시 때문에 울어 본 시인에게

안개 속에도
산이 있습니다

구름 뒤에
햇살이
있고

뭇사람 속에
당신이 있군요

울었던 사람은
참으로 위대합니다

온갖 것 웃는다는
그해 시월 밤새도록
꽃의 의미를 알기 위해 가슴 저리며
한 줄도 못 채운 노트 장을
찢어 삼키며
밤새워 오열했던 당신
처절한 이름
시인

도시 비둘기

미워요
평화를 말하던 너

그대의 부리에 앙칼진 삶이
정말 싫어요

자동차 경적 울리는 길
딱딱한 보도 블록 사이에
배설물을 쪼는 너

자존심 삼킨
도시 직장인
지린내 나는 나날

허상과 환청 속에
그래도 살아가는 너 그리고 나

난타 공연

참으로 위대하다

보잘것 없는 온몸을 바쳐
부리길 하는
꽃무늬 머리 딱따구리다

먹기 위함보다
아름다운 예술을 위해
오체투지 하는
그 헌신

무엇을 쓰고 싶은 걸 보니

종착역이 멀지 않나 보다
쓰고 싶고
먹고 싶고
초조하고
쉬고 싶은 걸 보니

새 옷이 좋고
꽃이 예뻐 보이고
어린애 재롱이
귀여워지는 걸 보니

안면도 노을

만나면 좋은 것
만나니 황홀 터라

바다와
육지
그리고 하늘
온종일 수고하고 만났다

사랑이 밀물 되고
미움이 썰물 되는
고마움 속에

활짝 핀 노을은
오늘도 고생 많았다 하네

제3부

행복한 삶

선線 이야기

젊은 선이 그립다

줄은 또렷할수록
똑바를수록 좋다

나에겐 선이 없다.
자네도 없어졌군 그래

두리뭉실 살아가라 하나 봐

알츠하이머

세월 갈수록
세상에서 제일 친구 많은 친구

복잡한 것을 단순히 즐기고
한번 친구 하면 놓아주질 않는다

천지간에
가장 욕심 많은 하느님 가라사대
때가 되었도다
알츠하이머를 사랑하라

별 이야기

작은 것
빛나는 것은 모두
별입니다
모두의 소망입니다

제발
스스로 빛내려 마세요

주변이 환해지면
더불어 나는 빛나죠

별이 외로운 건
지난날
너무 빛났기 때문에 이지요

그래도
별이 좋은 건
말없이
꿈과 사랑과 소망
그리고
우주의 소식을
눈으로 말하니까요

젓갈

내장까지 썩어야
참 맛이 난다
당신 맛없는 걸 보니
애간장 태운 일 없구먼

삶의 시궁창에 머리를 팍 박고
젓갈처럼
파 싹 늙어 가게나
세상이 맛없다 말고

반딧불이

깜박이는 것은
사랑의 신호
외로움이다
그리움이다

50년 만에
반딧불이와 해우
반가움이 넘쳐나

비몽사몽에
핸드폰 깜박임에 놀라고

그날 이후
더 외롭고
더 그리워지고
더욱 사랑하고파
그 별빛이 보고 싶다

그 눈동자
또렷이 떠 오른다
(2007 등단 시 중)

아스팔트 포장

대지를 생매장한다
미처 죽지 않는 땅
풀 한 움큼마저
굴착기로 짓밟아
검붉은 물감으로
코를 덮어 질식시킨다

죽이는 이유야 있겠지만
죽는 대지는 억울해
땡볕에 가쁜 숨만 쉬고
무심한 구름은 한가로이 흐른다

들꽃

사랑하지 않을 수 없네
제 맘대로 왔다
그 맘대로 가는 들꽃
이름 없이 살아서
다시 보고
바람이 흔들면
흔들리고
얼굴에 빗물 바가지 씌워도
울지도 않더라
억새 곁에 있던
나무 그늘에 있건
지위 위치 말한 적 없고
강아지 꽃 애기똥풀 며느리밑씻개
이름 탓하지를 않네

안양천 가을 소묘

은빛 갈대 흔들린다고
마음이야 흔들리면 되나

그래도
자꾸 각시네 막걸리 맛
마음 어지럽히네

구름뜬 물속
무심한 안양천
물새 하나 띄우네

은유 한 소절

눈물 없는 사랑 없고
고통 없는 기쁨이 있더냐
음지 없이 양지가 양지이더냐
물가에 필똥 말똥 핀 꽃이 더 아름답고
그늘진 여인은 더 사랑받나니
나비를 위해 피지 않는 꽃 있으랴
새가 새 부르지 어디 울더냐
일하기 위해 태어난 사람 있더냐
죽기 위해 사는 사람 있으랴
즐거움 마다할 사람 어디 있으랴 즐기며 살지니
여인의 谷神은 不死라 老子도 칭했다네
에둘러 말하지 않으리
男根도 亦不死 라네

봄 편지

봄이 나를 아프게 하오
바람난 바람이 나를 놀리오
사랑이여
취하여 막무가내인 맥박을
달래느라 힘에 부치오
그럭저럭
세월은 가나 보오
사람들이 봄이라 하오

安養川

어찌 흐르는 것이 냇물뿐이랴
구정물 흐르던 안양천
해맑은 물소리

어찌 흐르는 것이 사랑뿐이랴
사랑이 거닐던 안양천
외로운 해오라기

어찌 흐르는 것이 구름뿐이랴
내 인생 서럽던 안양천
희희낙락 사람들

어찌 흐르는 것이 세월뿐이랴
처마 집 즐비하던 안양천 변
우람한 고층 집

행복한 삶

좀 힘들어도
詩가 피는 삶 속에서

좀 아프면
웃음 치료 받고

좀 미우면
어깨나 두드려 주고

좋아하면 좋아하고
미워하면 미움받고

낡았으나
정갈한 옷 걸치고

흩어져 있되
하나도 버릴 것 없는 방에서

꽃이 피면 웃고
꽃이 지면 손 흔들며

봄이자 여름이라고
서운함 으로

영혼의 안경을 닦고
책 뒤적이며 사는 삶

노조 시대

노동 없는 노동자가
판치는 세상

몸단장도
꾸밈노동이라 하네

하늘에
죄지으면
빌 곳이 없다는데

하늘땅 국민에게
낯뜨거운 거짓말 대죄들
관료에게 유배되어
지폐의 칼날이
그 목을 겨눔조차 모르네

물(水)

물로 보진 마
천하에
물보다 부드럽고
약한 게 없지만

굳세고 강한 것 공략엔
이보다 나은 게 없다네

국민은 물
당신은 배일뿐

칼춤 막춤 추다가
배 뒤집혀 물귀신 되리니

(2025.6.10.)

생명의 줄

죽지 못해 산다며
"쇠심줄보다 질긴 게 목숨" 말하던
사람들
어느 순간에 모두 가고

"무서워하면
여우가 더 커 보인다."던
졸개나
심장 큰 내란 우두머리 모두 갔다

인생 꽃

그 님
이 꽃 되기를

잘난 꽃들은
제각각 잘도 핀다

인생 꽃은 내가 피어야
남을 피게 하는 것

희귀한 인생 꽃
피우고 싶네

가 보고 싶은 곳

물론
천당이지
업보가 많아
꿈엔들 천당이리오

그럭저럭 어영부영 한 듯
나름대로 열심히 했지만
詩도 돈도 명예도
하릴없으니

꿈은 낮게 소리는 조용히
표시는 뚜렷하게
모양은 바르게
말은 당당하게
가 보고 싶은 곳은
그래도 높게

가로수의 죄

무슨 죄목인가?

발에는 부록 전족 채우고
때론
몸 묶고 못질도 하고
철 따라 전지 톱질
손가락 팔꿈치까지 자르다니

매연 소음 뒤집어쓰고 삼키고
현수막 걸친 채 버티고 서서
여름 그늘도 만들고
눈 비바람
막아주며
좋다는 일만 했는데

죄 없는 것이 죄라네

가을편지

부끄러운 사연 많아
얼굴 붉힌 엽서
주소 잊어
허공을 맴돈다

말하는 의자
- 일명 빠삐용 의자

크냐, 작으냐
안락하냐 아니냐가 중요한가?

서울 성북구 성북동 골짜기 길상사
진영각 한 칸 방 앞에는

오늘도
무소유 법정 스님의
통나무 막의자는
탐욕을 버리라
말하여 주고 있다

제4부

얼굴은 자서전이다

불꽃놀이

화려한 건 순간

불은 꽃도 되는데
꽃은 불이 될 수 없구나

불을 잘 못 쓰면
낭패당하니

재밌다 불장난
인생과 재산 잃는다네

우리의 우주

카메라 렌즈 클로즈업하면
우주 아닌 게 없다

잠자리와 나비조차
속 들여다보면
그 무궁무진 오묘한 구조 색깔

결코, 빠져나갈 수 없는 하늘 그물 모양
레이더 같은 더듬이
CCTV. 내비게이션 닮은 눈동자

내면의 우주
당신이 출생하여 지금까지

애증과 미련과 욕심까지
생성 이야기
우리의 우주는 안녕하다

안양천 가을 정경

노박덩굴에 들새들
빨간 열매에 입 데일라

푸른 잎은
어느새 빨간 잎 되어
그리운 이
소리쳐 부르고

황홀한 석양엔
안양천 윤슬 빛나면

백로는 푸른 하늘에
그림 붓질 바쁘다

산(山)

山은
산 것이라
산이라 했나

엎드려 경배하며
기어올라야 한다고
비탈길 정상(頂上)도 만들고

시들지 않는 영원이기에
헤매지 않는 영혼의 쉼터
시와 음악 있어야 할 곳

졸음처럼 보여도 치열함 있고
높아 보여도 오르려면 오르고
낮게 보면 가도 가도 끝없음
山 아는 사람만 안다

노약자석

어느 틈에
경로석이 노약자석으로 되었네!

손주 자랑 병 자랑에
쪽지 돌리던 장애인조차 비껴가고

언제부턴가
앉아도 부끄럼 없는 자리

고만고만한 나이
그렁그렁한 눈들
모두 닮아
한 형제 앉는 자리

아내는 바보 하느님

말 안 해도 알고
말하면 못 믿어도
이해하는
당신

주기도문대로
오늘 나에게 일용할 양식을 주시고
나의 죄를 용서하여 주심이라

인명재처라는 신조어까지 낳게 하시고
감사한 나날을 알게 하심이라

심장이 간질거리는 느낌
사랑의 모습은 아닐지라도
반드시 사랑해야 할 오직 한 사람

이 세상 넓고 넓어도 단 하나
그대
바보 하느님

징검다리

보고파
너를 향해 가고
외로워
나를 위해 오는 길

친구 있는 고향
멀어도 늘 지척인 곳

힘겨운 선물 보따리 들고라도
마음 따라가고 싶을 때

흐름 위를
밟고 가라고
줄지어 엎드린
튼실한 등짝
   2025.3.26.

목련은 흰 두루마기와 옥색 치마

눈 시리게 목련이 필 때면
흰 두루마기에 중절모
그냥 좋은 아버지와

옥양목 치마에
동백기름 머리 멋진
마냥 좋은 어머니가 함께
가평 설악 신천리 시장 가는 날

돌아와 식구 수 대로
흰 고무신 펼치고
모처럼 목련처럼 웃으시면

홰에선 꼬꼬댁도
좋소! 소리 지른다

앞산 뒷산 꽃 합창 듣는 날
참 좋던 그 봄날

2025.4.9.

얼굴은 자서전이다

삶의 도서관에
나의 자서전은

내용은 희미하고
달랑
주름진 얼굴 하나

손때 묻은 표지
색깔은 바랬으나
그래도
읽고 싶은
전쟁도 이겨내고
초근목피 견뎌낸 사연
빽빽이 쓰인
고서적이라

소장가치 있다 하네

〈2025.5.7.〉

나이 든 삶

권하는 자리에 냉큼 앉지 않기
단조로운 생활에도 감사함 알기
불의 앞엔 머뭇대지 않기
배움의 가시밭길 사양하지 말기
준다고 날름 받아먹지 말기
세상만사 인정하기

(23.1.18)

바둑두기

날줄 19개
씨줄도 19개라
361 접점에서
초한 전은 시작되고
인생의 축소판이란다
우주의 별보다 많은
10의 700 자승이라는
무궁무진한 기교의 수
사람의 통찰력
직관력 판단력
공간 지각력 산려
어린이에는 두뇌 계발
노인치매예방이라니
신출귀몰 온갖 재주 부려 보네
23.1.14

호흡하기

몸 버거워
들숨 마시면
온몸 씻은 날숨 된다
속죄의 숨비소리 내뱉어도
탁한 몸은 여전해
꿉꿉한 마음
사랑의 온수로
원죄라도 지우려면
어머니의 강
양수에나 씻길까
23.1.18

송구한 마음

묵정밭 화전도 일궈
나 기르시며 배움 주신
부모보다
수십 년 오래 살고
굶지 않고 잘 먹고
별바라기 꿈만 가득
굼뜬 몸뚱이
송구해 하니
까막까치조차 피해가네
23.1.18

부부

어쩔 수 없이 연리지로 엉켜
스멀스멀 태어난 애들
섭섭함 미안함 모두 감싸고

가까운 듯 먼 우주에서
밤낮 없이
뜨는 두 별
23.1.19

죽음의 날

지구 오염죄 물어
무영장 체포되는 날

장미 구속 기소 되다

예쁜 것도
죄가 된다

통행인에게 추파 유인죄
과다노출로 미풍양속을 해한 죄
운전자에게 전방주시 의무 준수 방해죄
온갖 색깔 독점 시도한 죄
수감 중 벌과 애정 행각한 죄
과다 향기 발산으로 정신을 혼미하게 한 죄

위와 같은 사유로

위리안치와
기소한다
꽝, 꽝, 꽝.

장마철엔 마귀가 온다

예닐곱 장마는
키 큰 마귀 長魔(장마)
기어코
전쟁도 일으킨다

물 폭탄이 살림살이 박살 내고
산골짝은 으르렁댄다

전쟁이나 장마나
애달프고 서러운 건 서민

구급차 경적이 소란히고
안양천 넘칠 위험
방송이 시끄럽다

사랑조차 눅눅해져 이미 잊고
말은 짧고
거칠고 생각은 길다
기세 좋던 태양은
어디론가 숨어 소식조차 영 없다.

2025.6.25.

계영배 戒盈杯

행동을 마음대로
조절하기 어려운 게
사람인가보다

욕심은 인생을 망치게 한다

조선 시대 후기 전남 화순지역 출신
실학자 하백원(河百源, 1781~1845)은
왕실 백자진상품을 만들던 제자 우명옥이
돈을 벌자 술로 탕진한 후 폐인 되어 돌아오자
합심해 걸작품을 만들었다
언제나
과유불급이라
넘침은 부족함만 못하다

7할 이상은 안 돼
가득 채워 마시지 못하게 만든 술잔을 보며
무역상인 임상옥(林尙沃, 1779~1855)은 과욕을 물리쳐서
당시 전무후무한 거상이 되었고
이 잔을 고이 간직하여 현재 국가문화 유산이다

술은커녕
행복조차 넘치지 않도록 살아야 한다

능소화

얼마나 대찬
그리움이기에
담을 넘고 넘어
찾아가느냐
그리움에 양반 서민 있더냐
땡볕에도 얼굴 들고 볼 붉혀
사랑 찾고 있다
마침내

궁녀 소화의
사랑앓이가
노랑꽃 되었다네

양반 집에만 심는
주황색 양반 꽃으로 화신 되었다

2025.7.16.

달항아리

어찌 사랑하지 않으리

비운 듯 채워진
은은한 빛

단아한 몸가짐

모남 없이 잠잠하게

됨됨이 원만한
달빛 차림 맑은 울림

어머니 목소리

불볕더위 삼복 견딘
아버지 고단한
숨소리 배어있는
  달
   항
    아
     리
      를

2025.8.27

◆ 해설

작고 유쾌한 것들에 깃든 사랑
– 이무천 시의 해학, 존재, 일상에 대한 사랑의 미학

정연수
(시인, 문학박사)

　이무천 시인의 시에는 유머와 풍자, 서정과 철학, 일상성과 초월성이 절묘하게 공존한다. 그는 일상의 사소한 장면들 속에서 삶의 본질을 포착하고, 인간 존재의 이면을 차분히 응시한다. "사랑하는 것들은/모두/건너편에 있구나!"(「안양천 봄 정경」)에서 보듯, 사랑하지만 도달할 수 없는 거리를 노래한다. 사랑의 보편성과 고독의 필연성을 동시에 다루면서도 외로운 감정의 속성을 잘 터치해 냈다. 이 시인의 시에 나타난 사랑은 흔히 말하는 낭만적 사랑이나 감정적 열정을 넘어선다. 그의 사랑은 존재를 긍정하고, 사소한 것을 존중하며, 웃으며 상처를 어루만지는 실천의 언어다.

　이무천 시인이 구사하는 시적 형식은 대체로 자유로우며, 구어체를 활용하여 독자와의 거리감을 좁혀 간다. 언어유희와 반복, 대구 등의 기법을 통해서는 의미의 농도를 높인다. 화려한 수사나 형이상학적 개념에 기대기보다는 직설과 은유를 적절히 교차시켜 반성과

격려를 동시에 이끌어낸다. "오히려/꽃이 될 남정네들/부채질로 나비 되네"(「여름은 나빌레라」) 같은 구절이 그에 해당한다. 남성이 '꽃'이 되고 다시 '나비'가 된다는 묘사는 성 역할에 대한 고정관념을 유희적으로 전복하면서 경계를 넓힌다.

이무천 시인은 일상적 사물과 존재들을 통해 우리 내면의 정서, 사회의 단면, 인간 존재의 의미를 짧은 시 속에 용해하고 있다. 시집 후반부에 배치한 존재에 대한 인식과 노년의 철학적 사유는 더욱 응축된 밀도를 띤다. 전반적으로 '작은 것'의 위대함, 외형보다 내면의 진실, 노년의 단단하고도 고요한 아름다움이 시 전편을 관통하는 정조로 자리매김하고 있다.

> 세상엔 별별 재주 다 있어/누군 그렇게 원하고 찾아도/없다는 사랑//재간 없다 내숭떨며/사랑쟁이 등극한 사람도 있고//공평한 세상 만들겠다/구호 넘쳐나도/어찌 평등할 수 있으리//환갑이 내일 모레인/총각과 처녀 넘쳐나는 세상에서//멀쑥한 사내는 사랑 넘쳐/휘파람 부네//사랑없이 이루진 것 없다//맑은 눈 따뜻한 가슴/적당한 인고 이긴/시인은 누구나/사랑쟁이다
>
> ―「사랑쟁이 휘파람 불다」 전문

사랑이라는 주제를 통해 인생의 불공평함과 역설적 현실을 유쾌하게 드러낸다. "세상엔 별별 재주 다 있어/누군 그렇게 원하고 찾아도/없다는 사랑"을 통해 사랑은 누구에게나 평등하게 주어지는 것이 아니라,

어떤 이에게는 재능처럼 쉽게 주어진다고 분석한다. 그리하여 "재간 없다 내숭떨며/사랑쟁이 등극한 사람도 있고"라는 구절처럼 사랑도 일종의 사회적 '역할극'임을 보여준다. 궁극적인 메시지는 "시인은 누구나/사랑쟁이다"라는 선언으로 집약된다. 시인에게 있어 사랑은 단지 감정이 아니라, 존재의 태도이자 창작의 원천인 것이다. 또 다른 시 「사랑 타령」에서도 '사랑'의 의미를 탐색한 바 있다. "세상만사 그렇고 그래/비 오면 오는 대로/개이면 개인 대로"(「사랑 타령」)라는 구절을 통해 운명 수용적 태도를 견지하면서도, "사랑/사랑/좋은 사랑/사랑으로 살아가세"라는 결구를 통해 모든 것을 감싸는 힘이 '사랑'이라는 것을 강조한다.

> 바람은/바램이어서 희망이고//전진이니 나쁘지 않고//자유로우니/더/좋고//손수건 날려/임 소식 전하고//고생하는 나무/춤추게 하니/더욱 좋다//달리자/바람을 피우자
> —「바람을 피우자」 전문

> 사과는 왜 이렇게 예쁜가 했더니//사과할 일 없이/사과만 받아서 그런가?//사과 씨를/파내고 파내도/사과할 일 생각 안 나니//수양 부족과/정신 혼미 느끼네
> —「사과를 깎으며」 전문

인용한 두 편은 중의적 표현을 통해 시적 재미, 언어적 의미를 품은 작품이다. 「바람을 피우자」에서는 "바람은/바램이어서 희망"이라는 구절처럼 바람(wind)이

바람(wish)이라는 언어적 유희를 통해 부정적 '바람'에도 긍정적 의미를 부여한다. 나아가 "고생하는 나무/춤추게 하니/더욱 좋다"라는 구절을 통해 바람의 역할을 생명력 있는 동력으로 묘사한다. "달리자/바람을 피우자"라는 결론은 자유와 희망의 생동력을 강화하는 제안이자, 언어유희가 전달하는 맛을 제대로 전달한다. '바람을 피우다'는 부정적 의미의 표현을 활용하여 자유롭게 살아가는 '소망의 바람'으로 재해석한 재치가 시인의 특질인 것이다.

「사과를 깎으며」에서는 유쾌한 언어유희를 통해 자아 성찰과 사회 풍자를 동시에 달성한다. "사과는 왜 이렇게 예쁜가 했더니//사과할 일 없이/사과만 받아서 그런가?"에서 '사과'(apple)와 '사과'(apology)의 중의성을 통해 성찰을 끌어낸다. 사과할 줄 모르는 사회, 권력이나 권위만 내세우며 반성없는 삶을 돌아보게 한다. "사과 씨를/파내고 파내도/사과할 일 생각 안 나니"에서는 깊이 파고들어도 반성의 흔적이 없는 자아에 대한 냉소적 반문이기도 하다.

언어유희는 또 다른 시, "산은/산 것이라/산이라 했나"(「산(山)」)에서도 나타난다. 산이라는 존재를 다층적으로 해석하기 위해 자연의 산과 삶 혹은 생(生)의 날것들을 중의적으로 엮고 있다.

사는 게 지옥이라 하기도 하고
죽어야만 천당 간다는 데

개똥밭에 굴러도 이승 좋다는 말
나
지옥에서 살련다

−「천당보다 지옥이 좋다」 전문

이 시는 죽음 이후의 삶보다 현실을 더 소중히 여기는 자세가 담겨 있다. "사는 게 지옥이라 하기도 하고/ 죽어야만 천당 간다는 데"라는 통념을 반박하면서 '지금 여기'의 현실을 긍정한다. "개똥밭에 굴러도 이승 좋다는 말/나/지옥에서 살련다"라는 단언을 통해 실존의 가치를 강화한다. 지금 이곳, 결핍과 고통 속에서도 살아 있음의 가치를 긍정하고 있다. 삶을 지옥에 비유하면서도 살겠다는 결심은 인간 존재의 숭고함을 반영한 것이다.

얼마나 많이/귀싸대기 맞아야/마음과 몸의 모서리/깎을 수 있나?//수없는/조리 돌림에도/굴하지 않고/피하지 않고/욕하지 않아야/세상 사람들이 알아주나//손에 쥐어지고/귀여움 받으려면/부대낌/몸 내줌 피하지 말자//돌보다 못하다는 말/돌대가리 되지 않기 위해서/너에게 배운다

−「몽돌」 전문

'몽돌'을 삶의 은유로 삼아 인간의 성장과 단련을 이야기한다. "얼마나 많이/귀싸대기 맞아야/마음과 몸의 모서리/깎을 수 있나?"라는 구절은 인간이 둥글어지기 위해 거치는 고통을 직설적으로 보여준다. "돌보

다 못하다는 말/돌대가리 되지 않기 위해서/너에게 배운다"라는 대목에서 '몽돌'이 단순한 자연물이 아니라 교사이자 인생의 모델이 된다. 부대끼며 상처 입으면서 살아가는 인간의 삶 역시 다듬어져 가는 과정이자, 둥글게 다듬어져야만 한다는 통찰이다.

  이무천 시인의 시는 삶의 고통을 대면하면서 존재의 본질 문제를 깊이 사유한다. 「씨앗」에서는 "살아 있는 모든 것은/씨앗의 운명/아픔"이라면서 '통과 의례적 고통'을 통해 존재의 본질로서의 고통을 다룬다. 다른 시, 「울지 마라」에서는 "절대/절대로 포기 말고/울지는 마라"라면서 현실을 견디기 위한 각성의 필요성을 주문한다. "아무리 어려워도/서러워도/늙음만큼이야 하겠나?"(「울지 마라」)라는 구절은 세대 간의 고통 비교를 넘어서서, '지금'을 살아가야 하는 청년을 향한 응원가이자 동시에 생존의 처절한 격문이기도 하다.

    하찮은 고기라 하지 마라
    그대 멸치라 하지 말자

    멸시받을 일 한 적 없다
    베풀기만 했다

    죽어도
    뼈대 있는 집안
    꿈 많던 자식이다

                                    -「멸치」 전문

'작음'에 대한 사회적 사유를 다룬 작품이다. "하찮은 고기라 하지 마라"라거나, "멸시받을 일 한 적 없다"에 나타나듯, 멸치에다 사회상을 감정이입하고 있다. 작은 생선 '멸치'를 통해 사회적 약자나 미미한 존재에 대한 오해와 편견을 되짚는다. 멸치는 단지 하찮은 것이 아니라, 음식과 영양을 베풀어 온 존재라는 것이다. "죽어도/뼈대 있는 집안/꿈 많던 자식"이라는 구절 속엔 해학과 슬픔이 공존한다. 전통적 귀족 계급을 연상케 하는 것과 동시에, 누구나 다 소중한 존재라는 '뼈대 있는 집안'이라는 표현은 계급(있는 자와 없는 자)으로 나눠지는 사회적 삶에 대한 성찰이다. 멸치의 '뼈'와 삶의 '가치'를 중의적으로 풀어내면서 이야깃거리를 재생산하는 작품이다.

  늙은 새우
  젊은 새우 따로 있나
  다 같은 모습

  허리 펴고 못살아온 운명
  불평 않는 위대한 당신

  아버지 뒷모습 같아
  쉽게 먹지 못하리

  새로워야 할 인식으로
  우리 서로 존중하며 사세

                                        -「새우」 전문

평범한 삶의 숭고함을 새우를 통해 다루고 있다. "허리 펴고 못살아온 운명", "아버지 뒷모습 같아" 등의 구절에서 보듯, 새우는 단지 식재료가 아니라 고단한 삶을 감내해 온 '아버지'의 상징으로 재탄생한다. '허리 굽은' 모습은 노역과 희생의 형상이며, 불평하지 않는 삶의 자세는 숭고함의 다른 이름이다. "새로워야 할 인식으로/우리 서로 존중하며 사세"라는 권유는 새우를 통해 사회의 시선 변화를 요구한다. 아버지를 넘어서서 헌신하는 모든 타자에게 보내는 존중과 존경의 태도이다. 끝 연에서는 '새'와 '우'를 활용하여 2행시를 쓰듯 풀어낸 점에서도 다양한 시의 형식에 대한 실험의식이 엿보인다. 일상적 먹거리에다 철학적 감동을 이식하는 시인의 통찰이 돋보이는 작품이다.

누구나/마지막엔//사랑하게 될/꽃//그곳엔 반드시/피어 있는/하얀 손가락 닮은/슬픈/꽃
—「하얀 국화꽃」 전문

웃으며 마시지 말자//노동자의 눈물과 땀이/배고 섞여//핏빛이 되는 걸/어찌 모르랴?
—「포도주」 전문

「하얀 국화꽃」과 「포도주」는 짧지만 강렬한 상징과 은유를 통해 죽음과 노동, 사랑과 고통, 기억과 책임에 대한 시인의 깊은 성찰을 담아냈다. 시적 언어는 절제되어 있으나, 그 안에 담긴 의미는 밀도가 높다. "누구

나/마지막엔//사랑하게 될/꽃"(「하얀 국화꽃」)은 죽음과 화해하는 마지막 사랑이다. 이 시의 도입부는 생의 마지막 순간에 모두가 사랑하게 될 '꽃', 즉 죽음의 순간을 상징하는 국화꽃을 언급하며 시작한다. '하얀 국화꽃'은 한국 문화에서 장례식이나 추모의 상징으로 사용되며, 이는 시인이 말하는 "마지막에 사랑하게 될 꽃"과 자연스럽게 연결된다. 그러나 이 시는 단순히 죽음의 상징으로 국화를 다루지 않는다. 오히려 죽음을 마지막 사랑의 대상으로, 삶의 필연적 귀결이자 받아들여야 할 존재로 재해석한다. "그곳엔 반드시/피어 있는/하얀 손가락 닮은/슬픈/꽃"의 구절에서 드러나듯, '하얀 손가락'은 고요히 누운 죽은 자의 손이자, 죽음을 지켜보는 이의 손이기도 하다. 동시에 그것은 애도의 손짓, 남겨진 자의 슬픔을 반영한다. 이는 죽음을 혐오하거나 피하려 하지 않고, 그것을 '사랑하게 될' 어떤 것으로 화해하는 사상에서 나왔을 것이다. 죽음을 비극이 아니라 인간 존재의 숙명으로서 품는 시인의 자세가 의연하다.

한편, 「포도주」는 노동의 고통 위에 놓인 향락에 대한 경고이다. "웃으며 마시지 말자"라는 경고의 언술은 술을 마시는 행위 자체가 아니라, 그 술이 어디에서 왔는가를 묻기 위한 장치이다. "노동자의 눈물과 땀이/배고 섞여//핏빛이 되는 걸/어찌 모르랴?"에서는 포도주의 붉은 색을 통해 노동자의 피와 눈물을 환기한다. 이것은 명백한 사회적 발언이자 윤리적 질문이다.

소비의 기쁨 뒤에 감춰진 고통, 향유되는 결과물 뒤에 존재하는 보이지 않는 노동의 실체를 드러내는 시인의 시선은 직설적이면서도 비판적이다.

  위의 두 시는 전혀 다른 주제를 다루는 듯하지만, 본질적으로는 인간의 조건에 대한 물음을 공유한다. 「하얀 국화꽃」은 인간의 죽음을, 「포도주」는 인간의 노동과 고통을 다루는 것이지만, 둘 다 삶의 본질을 다룬다. 존재의 무게, 인간이 겪는 고통, 인간성의 회복 등을 어떻게 인식할 것인가에 대한 고민을 두 작품이 각각의 다른 오브제를 활용하여 풀어내는 것이다.

> 권하는 자리에 냉큼 앉지 않기
> 단조로운 생활에도 감사함 알기
> 불의 앞엔 머뭇대지 않기
> 배움의 가시밭길 사양하지 말기
> 준다고 날름 받아먹지 말기
> 세상만사 인정하기
> 　　　　　　　　　　　　　　　－「나이 든 삶」 전문

  노년의 삶을 향한 자기 훈련의 윤리가 담긴 작품이다. 시인은 고요한 삶을 살되, 불의와 무지에 맞서는 자세를 버리지 않으려 한다. "권하는 자리에 냉큼 앉지 않기", "준다고 날름 받아먹지 말기", "세상만사 인정하기" 등의 경구에서는 받기보다 주는 삶, 수용과 관용의 미학으로 요약되는 노년의 철학을 전달하고 있다. 이러한 경구는 다른 시편에서도 나타난다. "주변이 환해지면/더불어 나는 빛나죠"(「별 이야기」)에서는 공존의 가치를 드러내면서 자신과 타자에 대하여 성찰을 촉구한다. 또 다른 시 "내장까지 썩어야/참 맛이 난다"(「젓갈」)에서는 발효의 미학을 보여준다. 오랜 발효 속에서 깊은 맛을 지니듯, 인간도 오랜 시간들 속에서 정신적 성숙을 얻는다는 역설을 드러낸다. 진중한 사유가 연륜 속에서 잘 발효된 작품이다.

창의적으로 사물을 정의하는 이무천 시인의 세상 독법도 주목하여 볼 만하다. "가까운 듯 먼 우주에서/밤낮없이/뜨는 두 별"(「부부」)에서 부부를 서로를 결코 완전히 이해할 수 없는 타자이자, 그래도 함께 떠오르는 존재라고 정의한다. "얼마나 대찬/그리움이기에/담을 넘고 넘어/찾아가느냐"(「능소화」)에서 능소화를 신분의 장벽도 뛰어넘는 사랑의 상징이자, 사랑의 사회적 해방을 실천하는 존재라고 정의한다.

이무천 시인은 감정의 외연을 넓히기보다 삶의 내부로 파고드는 방식을 선택한다. 「사랑 타령」, 「몽돌」, 「똥 이야기」 같은 작품은 삶의 비루함을 숨기지 않으며, 오히려 그것을 있는 그대로 긍정하고 풍자한다. 시인은 묻는다. 우리는 과연 사랑을 제대로 하고 있는가? 우리는 몽돌처럼 깎이고 있는가? 우리는 똥에 대해 얼마나 솔직한가? 시의 언어는 직설적이고 날것이지만, 그 안에 담긴 철학은 결코 가볍지 않다. "괜히 점잔 떨지 마라/뱃속에는 욕심과 똥만 가득 찬/똥을 쌀 놈"(「똥 이야기」)이라는 구절은 자아를 정직하게 마주보게 한다. 가식과 허세의 삶을 풍자하면서 인간의 허위의식을 거침없이 질타한다. 이무천 시인의 작품 속에 깔린 공통된 철학은 "작은 것을 가볍게 여기지 않기", "고통과 외로움 속에서도 삶을 지지하기", "가식 없는 눈으로 세상을 바라보기"이다. 시인이 그려내는 여성, 멸치, 새우, 씨앗, 젊은이, 노인…, 이들은 모두 사회 속에서 경시되거나 쉽게 소비되는 존재들이다. 그런 존재에 존엄과 사랑, 존중과 의미를 회복시켜준다.

  결국, 이무천 시인의 시에서 '사랑'은 감정이 아니라 태도이며, 존재를 대하는 방식이다. 그는 시를 통해 사랑의 의미를 확대하고, 얕은 사랑을 질타하면서 진정한 사랑을 회복한다. 일상, 유머, 노동, 죽음 등 삶의 모든 국면에서 사랑을 발견하는 과정은 감정 빈곤과 실존적 피로 속에 살아가는 현대인을 위한 미학적 해답일 것이다. 이번 시집은 문학이 어떻게 '존재의 미학'을 되찾을 수 있는가에 대해 끊임없이 자문하니, '살아 있음' 자체에 대한 찬가를 부른다. 바로 오늘의 언어와 몸짓 속에 숨겨진 '지금 여기'의 태도가 곧 사랑이라는 것을 시집을 통해 형상화해내고 있다.